AF602475

# HAITI ET SES EMPRUNTS

Paris. — Typ. A. PARENT, rue Monsieur-le-Prince, 29-31.

# HAÏTI

## ET SES EMPRUNTS

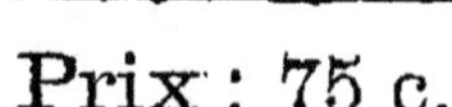

Prix : 75 c.

PARIS
LIBRAIRIE ANDRÉ SAGNIER
9, RUE VIVIENNE, 9
1875

# HAITI & SES EMPRUNTS

## I.

« L'expérience, a-t-on dit, est une flamme qui brûle ceux qu'elle éclaire... » Tâchons cependant d'être éclairés et de ne pas être brûlés.

On sait (et d'aucuns, malheureusement, le savent trop) que la France, il n'y a pas encore de cela bien des années, a beaucoup envoyé d'argent à l'étranger, par exemple au Honduras ; rien n'en est revenu. Et vous n'ignorez pas, lecteur, qu'Haïti est précisément sur le chemin du Honduras, ainsi que du Mexique, de même qu'il n'est pas loin, non plus, du Memphis-Pacifique, de correctionnelle mémoire. Vous vous rappelez aussi que les actions de ce Memphis-Pacifique, les obligations Mexicaines, celles du Honduras et tant d'autres valeurs de même farine étaient, dans le temps, prônées de toutes parts, sur tous les tons et par tous les organes : on payait si bien ! C'est aujourd'hui le tour des emprunts d'Haïti.

Quant au Honduras, au Memphis-Pacifique, etc... hélas! *sic transit.*

## II.

Qu'est-ce donc que ce pays qu'on appelle Haïti? Ah! les géographes vous diront qu'Haïti, ou Saint-Domingue, est une île des Antilles, divisée en deux États : à l'est, celui de Saint-Domingue, dont nous n'avons pas à parler; à l'ouest, la république d'Haïti. Cette dernière est voisine du Cuba; et, par conséquent, ce n'est pas précisément aux portes de Paris, en sorte que celui qui, avant de souscrire à l'emprunt, voudrait aller voir et se renseigner, aurait pour sûr un certain trajet à faire. Le temps, tout au moins, lui manquerait.

Et puis, que verrait-il là-bas? Un pays montagneux : c'est ce que signifie, en langue caraïbe, le mot lui-même d'Haïti. Température brûlante, climat humide et malsain sur les côtes, orages fréquents et terribles, quelquefois des tremblements de terre qui renversent toute une ville: voilà les charmes de l'endroit. On se rappelle comment l'expédition française envoyée en 1802 à Haïti, sous le commandement du général Lecler, y périt par les maladies; le séjour d'Haïti, avec la fièvre jaune et quelques autres épidémies en permanence, n'est pas moins meurtrier aujourd'hui, pour les Européens, qu'il l'était alors. Aussi les blancs ne forment-ils, comme habitants de la République haïtienne, qu'une presque imperceptible minorité. Car, sur une population d'environ 943,000 âmes (beaucoup pensent d'ailleurs, que ce chiffre est fort exagéré), on ne compte que 28,000 blancs, tous étrangers, tandis qu'il y aurait 495,000 noirs et 420,000 indiens et mulâtres.

Du reste, aux termes d'une constitution, celle de 1806, et de toutes les constitutions postérieures, tout citoyen d'Haïti, quelle que soit son origine, est désigné sous le nom générique de « noir. » Le droit de cité s'acquiert, pour un africain ou un indien, par un séjour d'un an dans l'île. Les blancs, de quelque nation qu'ils soient, n'y jouissent pas des droits de cité, et il n'ont pu, depuis l'époque de leur dépossession violente, y acquérir des immeubles, ils n'en ont pas le droit (Maurice Block, *Dictionnaire de la Politique*, édition 1874); leur couleur est leur titre d'exclusion. C'est là, assurément, enracinée dans les mœurs, inscrite même dans une loi, mieux que cela, dans les constitutions du pays, la haine contre notre race poussée aux dernières limites, poussée, pourrait-on dire, jusqu'aux cordons de notre bourse... exclusivement; c'est toujours la haine de la race autrefois esclave contre ceux qui furent pendant longtemps, pour elle, des maîtres cruels et souvent sans pitié; c'est enfin la constante application de ces paroles du féroce Dessalines, premier empereur nègre d'Haïti sous le nom de Jean-Jacques Ier, disant, en parlant des Français : « Qu'avons-nous de commun avec ce peuple sanguinaire ? Sa cruauté, comparée à notre modération; sa couleur, à la nôtre..... tout nous fait voir que ces hommes ne sont pas nos frères, qu'ils ne le seront jamais... »

Haïti est donc bien un État uniquement d'hommes de couleur. Or, il est constant que les hommes de couleur, qu'ils soient de race africaine ou d'origine indienne, sont par nature suprêmement paresseux. Jamais, notamment, les Américains du Nord n'ont rien pu faire des tribus indiennes, qu'ils se voient obligés de refouler et même de détruire, dans l'intérêt de la civilisation. Et, quant aux africains, aux nègres, convertis au christianisme ou restés sectateurs du Vaudoux, peu importe, tout le monde sait bien qu'esclaves ils ne travaillent que sous le fouet, et que libres ils ne travaillent pas du tout, dussent-ils mourir de faim et de misère, ce qui arrive journellement à Haïti. C'est au point qu'en 1826, les terres n'étant plus cultivées nulle part dans le pays, le président Boyer fit rendre une loi, dite « Code rural, » pour obliger à cultiver les terres, mesure qui, en dépit des pénalités sévères dont elle était accompagnée, n'eut pas de résultat. Vivre au jour le jour et sans souci du lendemain, se révolter de temps à autre, piller et incendier : voilà, pour toute une population ignorante et abrutie, l'existence !

Sans doute, Haïti a un sol très-fertile en certaines parties, et des plus convenables pour la production des denrées coloniales. Ajoutons que les richesses minéralogiques n'en sont point absentes ; les monts Cibao, qui traversent l'île de l'Est à l'Ouest, renferment, notamment, des mines d'or. Enfin, sur la côte, les ports sont nombreux. Mais, de l'intérieur du pays à ces ports, il n'existe pas de moyens de communication; car on a même, faute d'entretien, laissé disparaître les chemins établis autrefois lorsque Haïti était colonie française. A plus forte raison, il ne faut pas parler de chemins de fer. Quant aux mines, nul, pas même le gouvernement, ne songe à les exploiter, ni à les faire ou même laisser exploiter. L'Haïtien n'est pas industrieux, et ce n'est pas lui qui établira des extractions de mines, des usines, des fabriques. Il n'est pas commerçant, il est encore moins navigateur; la marine haïtienne, sauf deux navires à vapeur et quelques petits bâtiments appartenant à l'État, n'existe à peu près pas, et ce ne sont guère que des navires étrangers qui viennent faire le commerce dans les ports de l'île. L'Haïtien pourrait cultiver, il ne le veut pas, et, malgré les sévérités du « Code rural, » le sol, si fertile qu'il soit, reste abandonné.

Veut-on des chiffres? Avant la révolte de 1791, et quand Haïti était une colonie française, cette colonie exportait, par an, pour 68,151,180 francs de café et pour 163,405,220 francs de sucre. Longtemps après l'affranchissement du pays, et alors que le gouvernement était établi et reconnu sous la forme républicaine, qui est redevenue encore sa forme actuelle, après 1824 et 1825, les exportations n'étaient plus que de : en café, 37,700,000 francs; en sucre, 725,000 francs. Quel dépérissement!

Et qu'on ne croie pas que, depuis lors, cet état de

choses se soit bien améloré. Voici, en effet, ce que le plus récent bulletin (il porte la date de 1874) des *Annales du commerce extérieur*, publiées par notre ministère de l'agriculture et du commerce, dit du mouvement commercial d'Haïti en 1869 :

« La dernière publication des *Annales* relatives au mouvement commercial d'Haïti remonte à l'année 1863. Depuis cette époque, l'état d'agitation et de trouble dans lequel cette république s'est trouvée plongée n'a pas permis de dresser les états du commerce et de la navigation.

« Pendant cette période d'anarchie, en effet, les ports ont été tantôt assiégé par terre, tantôt bloqués par mer..... Ce n'est que vers la fin de l'année 1870 que le consul général de Port-au-Prince a transmis, sur le mouvement général du commerce et de la navigation, un rapport dans lequel ont été puisés les renseignements qui font l'objet de la présente publication.

« Pour l'année 1869, bien que les chiffres du mouvement commercial n'aient pas été puisés à une source officielle, les registres de la douane, s'ils ont existé, ayant été brûlés, il est permis de penser que ceux qui vont être présentés sont aussi exacts que possible.

« L'année 1863 étant une année normale, nous la prendrons comme terme de comparaison :

« Le mouvement général du commerce d'Haïti s'est élevé, pour l'exportation, en 1869, à 36,838,376 f.
« En 1863, il était de . . . . . . . 94,551,774

« Différence en faveur de cette dernière année . . . . . . . . . . . . . 57,713,398 f.

« L'importation, en 1869, a été de 13,971,594 f.
« En 1863, elle était de. . . . . . 40,367,933

« Elle présente donc, en 1869, une diminution de. . . . . . . . . . . 26,396,339 f.»

L'*Annuaire de l'Economie politique et de la Statistique*, qui se publie chaque année chez MM. Guillaumin et C^e^, donne, dans son volume de 1874, des renseignements plus récents. Nous y lisons, à l'article « Haïti », et sous la rubrique « Commerce en 1872 » :

« L'importation s'élève à 6,860,408 dollars (environ 34,302,040 francs); l'exportation, à 7,504,633 dollars (37,523,165 francs) »

On voit, par la comparaison surtout de l'exportation d'avant 1794 (alors que seulement les deux articles sucre et café s'élevaient, celui-ci à 68,151,180 francs et l'autre à 163,405,220 francs, ensemble à 231,556,400 francs), on voit, disons-nous, ce qu'Haïti est devenu depuis lors, et ce qu'il convient d'en attendre et d'en augurer pour l'avenir.

Et les chiffres que nous avons cités, qu'on veuille bien le remarquer, empruntés, soit à l'*Annuaire de l'Économie politique*, soit aux *Annales du Commerce extérieur* de la France, ne sont évidemment pas de la statistique de fantaisie, comme on en trouve dans certains prospectus des émetteurs d'emprunts, ainsi que dans les articles de journaux complaisants ou généreusement payés d'Haïti et d'ailleurs, articles partout répétés, cela va de soi, et invariablement avec ces mots en tête : « Nous lisons dans tel journal. » Ah ! la belle autorité, vraiment, qu'un journal, fût-il même décoré du titre de « *Moniteur officiel d'Haïti* », et le bon billet à La Châtre que voilà ! Pourquoi donc, au lieu de cela, ne cite-t-on pas de vrais documents, ou au moins des publications autorisées, sérieuses, et qui font foi en matière de statistique ? On s'en garderait bien !

Les productions d'Haïti, nous dit-on, « sont universellement recherchées autant pour leur spécialité que pour leur qualité supérieure. » C'est cette préférence uniquement que, dans certains prospectus, on s'évertue à établir, au moyen de tableaux artistement dressés. Poudre aux yeux que cela ! En effet, que le sol d'Haïti soit tel qu'il donne, ce que personne ne nie, des produits coloniaux excellents et « universellement recherchés », la question n'est pas là. La question est de savoir si, à ce sol, la population actuelle et le gouvernement d'Haïti font rendre, comme l'ancienne colonie française, par exemple, les produits qu'il comporte, si population et gouvernement lui font rendre une somme de produits qui procure au pays « des revenus supérieurs à ses dépenses. » Voilà ce qu'il aurait fallu démontrer, mais sur quoi, au contraire,

Imitant de Conrad le silence prudent,

on se tait; et pour cause. Car l'État d'Haïti, sans cesse livré aux troubles, à l'émeute et aux dévastations, bouleversé par des révolutions continuelles, passant alternativement de l'Empire à la République et de la République à l'Empire (et quel Empire, quand l'Empereur, par exemple, est un Soulouque!); l'État d'Haïti, où nous savons bien qu'il y a aujourd'hui (et encore pour combien de temps?) un Président « noir », un Sénat de « noirs » et une Chambre de députés « noirs », mais où nous savons aussi qu'il n'existe ni ordre dans le maniement des deniers publics, ni contrôle d'aucune sorte, ni comptabilité régulière; l'État d'Haïti, à propos duquel un document, que nous venons de citer l'heure (*Annales du Commerce extérieur de France*), a pu dire que « les registres de la douane, *s'ils ont existé*, ont été brûlés; » l'État d'Haïti, bien loin de produire plus qu'il ne dépense, loin d'avoir des finances prospères, et de présenter une situation qui inspire crédit, est, au contraire, un état absolument obéré, écrasé et dans la gêne la plus complète. Il recourt à l'emprunt afin de pouvoir vivre : voilà la vérité qu'on ne dit pas au public.

On nous affirme bien aussi que « le gouvernement haïtien a amorti tout le papier-monnaie..... » Pour Dieu! messieurs, ne jouons donc pas sur les mots. Voici ce que l'*Annuaire de l'Economie politique*, ouvrage déjà cité, dit : « En 1872, le papier-monnaie ancien a été échangé contre du nouveau..... » Dans aucun dictionnaire, ce semble, le mot « échanger » n'a voulu dire « amortir », à moins que le *Crédit général français*, propriétaire du journal le *Moniteur des tirages financiers*, n'ait interverti tout cela, comme autrefois Sganarelle, qui mettait le cœur à droite. Il est constant, du reste, que les divers gouvernements qui se sont succédés à Haïti ont créé du papier-monnaie pour environ 800 millions de piastres (la piastre vaut 5 fr. 25) ; où donc auraient été prises les sommes pour l'amortissement ?

Puis, enfin, avec le même aplomb imperturbable, et tout autant de bonne foi, les prospectus parlent de « la stabilité gouvernementale dont, depuis plusieurs années, les Haïtiens peuvent apprécier les bienfaits ». Ah ! la stabilité gouvernementale à Haïti..... Vraiment ! Mais, lecteur, ce serait la lune prise avec les dents. Et encore n'est-il peut-être pas aussi impossible qu'un jour un homme aille dans la lune, qu'il ne l'est que la population d'Haïti supporte son gouvernement, quel qu'il soit, et cesse de se révolter, de piller, massacrer, incendier. Est-ce que, il y a moins de quatre mois, et précisément quelques jours seulement après la souscription haïtienne des 5 et 6 mars dernier, au Crédit industriel et commercial, souscription dont nous parlerons plus loin, on n'a pas été informé, à Paris, qu'un incendie, dû à la malveillance comme toujours dans ce beau pays d'Haïti, avait dévoré tout un quartier de la capitale, Port-au-Prince, autrement dit Port-Républicain (ville entièrement bâtie en bois, du reste, ainsi qu'elles le sont toutes dans le pays). Les dégâts, a-t-on dit, dépassaient dix millions de francs. Mais, bast! qu'est-ce que cela? Haïti en voit bien d'autres. Et voici, notamment, sur des faits encore plus récents (car de pareils faits sont, en quelque sorte, journaliers à Haïti), ce que raconte le *Journal des Débats* du 21 juin courant :

« Le *Peuple*, de Port-au-Prince, dit le *Journal des Débats*, nous apporte les détails des sanglants événements qui ont eu lieu dans cette ville le 1er mai dernier.

« A l'issue d'une fête donnée aux cultivateurs sur la place Pétion, et à laquelle assistait le président de la république, Michel Dominguez, le général Laforest, muni de mandats d'arrestation, voulut s'emparer de trois généraux signalés comme les chefs d'une conspiration qui devait éclater le 2 mai. L'un de ces généraux, nommé Brice, résista aux soldats, tira sur eux et en blessa deux; mais on répondit à son attaque, et il fut atteint à la jambe gauche. Perdant son sang et continuant à se battre, il put gagner le consulat anglais, où il expira dans la soirée. Pendant ce temps, le général Pierre soutenait chez lui un combat qui coûta la vie à deux officiers et à cinq hommes, et qui se termina par la mort du général, des pièces de canon ayant été braquées sur sa maison, sous les ruines de laquelle on le trouva. Enfin, le général Canal, après avoir, aidé d'un certain nombre d'adhérents, soutenu une lutte vigoureuse contre les troupes, a pu gagner un asile encore inconnu, non sans avoir fait de nombreuses victimes, le général Philipps entre autres.

Le général Brice avait pris part à la lutte contre Salnave et était l'un des membres les plus actifs de l'Opposition. Le général Pierre avait été ministre de la guerre et de la marine et sénateur.

« Le matin du jour où cette sanglante tragédie s'est accomplie, avait paru une proclamation du président, annonçant sa ferme volonté de maintenir la paix « par l'application intelligente, modérée, mais constante de la sublime maxime : « Le salut du peuple est la loi suprême ! » Deux arrêtés, publiés en même temps, avaient mis en état de siége l'arrondissement de Port-au-Prince et déclaré expulsés du territoire de la république 14 individus « de la culpabilité desquels, comme complices de la conspiration qui allait éclater, le gouvernement était convaincu. » Parmi ces individus figuraient les généraux Brice, Pierre et Canal.

« Par trois arrêtés rendus le lendemain 2 mai, la formation de deux corps de milice a été ordonnée, le général Canal a été mis hors la loi, et les gardes nationales de quatre arrondissements ont été mobilisées. Une proclamation du président Dominguez aux Haïtiens a rendu seuls responsables du sang versé les hommes « dont la culpabilité était prouvée par la résistance opposée par eux à la loi », et qui « prétendaient être les seuls libéraux, les gardiens de principes qu'ils n'avaient jamais invoqués qu'autant que cela était nécessaire au succès de leurs combinaisons.» Ce document se terminait ainsi : « Haïtiens, soyez attentifs ! Ayez confiance en la sagesse et en la vieille expérience du chef que vous vous êtes librement choisi ! Il saura assurer l'ordre et la paix, sans lesquels il n'y a pas de prospérité possible. »

« Tel est le récit sommaire des événements qui ont eu lieu à Haïti. A la date du 22 mai, l'ordre paraissait rétabli, et le territoire était tranquille. »

Voilà, lecteur, un échantillon tout frais de la tranquillité dont on goûte « les bienfaits » à Haïti ; voilà comment le gouvernement y est « stable, » comment il « fonctionne régulièrement. » Conspiration, révolte, canonade dans les rues, mise du pays en état de siége et des citoyens hors la loi, proscriptions et expulsions sans jugement par un simple arrêté du Président de la République.... En vérité, rien ne manque au tableau, il est complet. Et c'est hier qu'ont eu lieu ces événements.... Que se passera-t-il demain ? Le journal (un journal de là-bas, remarquez-bien, le *Peuple* de Port-au-Prince), dit que, « à la date du 22 mai (donc plus de vingt jours après le commencement des événements ! vingt jours de trouble sans doute), l'ordre *paraissait* rétabli.... » *paraissait !* Le journal n'affirme pas, vous le voyez, le rétablissement de l'ordre, il ne l'oserait pas ; car il connaît le pays et, par expérience, il sait que peut-être bientôt il aura les mêmes scènes à raconter de nouveau, sinon des scènes plus lamentables encore.

Et c'est ce pays-là qui nous demande des millions

à emprunter ! Qu'en ferait-il donc ? Oui, sans doute, nous l'avons dit déjà, Haïti a des ports, il a des richesses métallurgiques à extraire, il a surtout un sol fertile. Certainement il pourrait produire, même produire beaucoup. Mais, d'une part, la population actuelle du pays, composée, on le sait, d'hommes de couleur, ne peut ni ne veut rien faire ; et, d'autre part, la race blanche, qui seule aurait vouloir et possibilité, est forcément tenue éloignée, exclue, non-seulement parce que le climat d'Haïti est, pour elle, insalubre et mortel (danger que probablement elle braverait encore), mais surtout parce que (et c'est là l'obstacle insurmontable) les mœurs des habitants et jusqu'au texte dee Constitution, mettent tous les blancs, en quelque sorte, hors la loi. Est-ce que jamais vous avez entendu parler d'émigrants européens partant pour Haïti ? Et cependant le territoire de cet Etat, en raison de sa superficie, comporterait une population bien autrement considérable que la population actuelle. Il y a donc, c'est évident, une impasse dans la situation ; et quand bien-même, par hasard, Haïti trouverait un jour, ce qui n'est pas et ne sera pas, un gouvernement stable, le cercle dans lequel on est ainsi enfermé n'en resterait pas moins sans issue possible.

Aussi, pourquoi le gouvernement haïtien, pour ses emprunts ne s'est-il pas adressé, par exemple, aux Anglais ? C'est que les Anglais connaissent trop bien la République d'Haïti, et que, hommes pratiques, prudents surtout, ils auraient refusé net. Pourquoi encore le gouvernement haïtien n'a-t-il pas porté ses demandes aux Etats-Unis, qui sont voisins et en rapports constants, — une République aussi, d'ailleurs? Pourquoi? Parce que, sans doute, les Etats-Unis savent, par leur propre expérience, ce que valent généralement les hommes de couleur, et que, loin de prêter leurs capitaux aux Haïtiens, ils estimeraient probablement ce peuple plutôt digne d'être supprimé d'entre les nations qu'il déshonore, absolument comme sont successivement supprimées les tribus de sauvages Indiens que renferme encore l'Amérique du Nord. C'est vers la France que le gouvernement haïtien, en cela pas mal avisé, a préféré tendre la main (merci de la préférence!). La France est, en effet, par rapport à Haïti, un pays lointain; et, comme dit le proverbe, « a beau mentir qui vient de loin. » La France, en outre, non-seulement est riche et encombrée même, en ce moment, de capitaux disponibles, mais de plus tout l'univers sait que la race des gogos y pullule, et aussi que les intermédiaires à conscience élastique, banquiers ou écrivains, n'y manquent pas.

## III

Ce n'est pas la première fois, d'ailleurs, que des affaires d'argent sont traitées entre Haïti et la France, et nous allons voir de quelle manière les choses se sont passées jusqu'ici. Un peu d'histoire ne sera pas de trop : « L'histoire, dit Cicéron, est la lumière des siècles et l'école de la vie humaine. » Les leçons qu'elle fournit sont dures quelquefois.

Donc, l'île d'Haïti, qui fut la première terre américaine découverte par Christophe Colomb en 1792, après avoir reçu de lui le nom d'Hispaniola, ou plutôt Española, devint une colonie espagnole et fut le siége du premier établissement européen fondé en Amérique. La capitale était Saint-Domingue, ville fondée en 1795, par les Espagnols, dans la partie orientale de l'île. Cette partie orientale d'Haïti, qui constitue aujourd'hui l'Etat de Saint-Domingue, a toujours conservé des rapports et des liens plus ou moins étroits, selon les temps, avec l'Espagne. A l'occident d'Haïti, au contraire, la France était venue s'établir plus tard, et elle y avait créé une colonie qui fut des plus prospères jusqu'en 1791 : c'est précisément à la place de cette ancienne colonie française que nous trouvons actuellement l'Etat d'Haïti, tantôt République, tantôt Empire.

Oh ! assurement, ces alternatives, ces changements de la forme gouvernementale du pays, qui se produisent bien aussi ailleurs, sont parfaitement dans le droit des Haïtiens. Personne, sans doute, n'a rien à y voir. Et si, par exemple, entre autres étrangetés, ce peuple moricaud d'Haïti, a pris un jour, en 1849 (ce n'est pas bien vieux), la fantaisie de se donner pour empereur, sous le nom de Faustin I$^{er}$, le nègre Soulouque, qui « lisait la lettre moulée et savait signer son nom » ; si cette majesté noire, ayant rêvé de prendre Napoléon Ier pour modèle (rien que cela !), se fit, avec les mêmes céremonies qui avaient eu lieu pour ce dernier, couronner solennellement et sacrer avec sa noire épouse, puis, pour continuer la plaisante imitation, institua une famille impériale, établit un ordre militaire de Saint-Faustin et un ordre civil de la Légion d'honneur, créa toute une lignée de nobles (tous noirs, bien entendu), princes, ducs, marquis, avec des noms comme ceux de prince Bobo, duc de la Marmelade, etc. ; si, notamment, il n'oublia pas (les souverains n'oublient jamais cela) de s'attribuer une grasse liste civile, dont le chiffre annuel absorbait au delà de la septième partie de tous les revenus de l'Etat ; si toutes ces bouffonneries ont amusé le monde, nous n'avons rien de mieux à faire qu'à en rire nous-même aussi, puisqu'il semble être dans la destinée de certaines nations, comme dans celle de certains individus, de servir à désopiller la rate au public. Mais passons, ou plutôt revenons en arrière, revenons à 1791.

C'est à cette date, on le sait, que les nègres et autres hommes de couleur de la colonie française d'Haïti, mettant à exécution, à leur manière, le décret d'émancipation que notre Assemblée nationale constituante avait rendu, se soulevèrent en masse, égorgèrent les blancs, leurs anciens maîtres, brûlèrent et ravagèrent toutes les plantations, tous les établissements de la colonie, dont il ne resta que d'affreuses ruines. Les désastres furent énormes, fabuleux.

La France n'est jamais, depuis lors, rentrée en possession de son ancienne colonie; elle conservait, néanmoins, ses droits, auxquels elle n'a renoncé qu'en 1825. Alors, en effet, intervint une convention par laquelle la France reconnaissait l'indépendance du nouvel état d'Haïti, mais sous condition du paiement d'une somme de 150 millions de francs à titre d'indemnités aux anciens colons dépouillés : c'était à peine la dixième partie de la valeur des propriétés détruites ou envahies, bien faible dédommagement, hélas! Ces 150 millions devaient être payés par cinquième en cinq années, et une loi haïtienne reconnut l'indemnité dont il s'agit comme « dette nationale ».

Mais vous allez voir comment les Haïtiens entendent l'exactitude dans l'accomplissement des engagements contractés. Le premier cinquième de l'indemnité, soit 30 millions de francs, fut acquitté au moyen d'un emprunt consenti par un groupe de banquiers que représentait Jacques Laffitte; on découvrait donc Pierre pour couvrir Paul. Vint l'échéance du second cinquième. On ne trouva pas à emprunter, cette fois, malgré des demandes directes et notamment celle d'avancer les 30 millions échus, adressée par le gouvernement de Port-au-Prince à la Caisse des consignations de Paris. Ne trouvant pas à emprunter, Haïti ne paya pas. Les choses restèrent en cet état pendant plus de dix années : Haïti ne servait pas même les intérêts du capital qu'il n'amortissait pas. Haïti ne versait rien du tout.

Un créancier a beau être patient; à la fin, la patience se lasse. C'est ce qui advint. La France se fâcha, un jour, et elle envoya une escadre : c'était en 1837. Devant ce déploiement de forces, les Haïtiens promirent tout ce qu'on voulût, même « des garanties ; » mais ils firent humblement observer que, pauvres nègres qu'ils sont, ils ne pouvaient pas acquitter une indemnité véritablement disproportionné pour eux. Et la France, toujours généreuse, consentit à une réduction que l'on peut qualifier d'énorme. Il restait dû, en effet, 120 millions de capital, plus les intérêts de cette somme depuis 1826 ; eh bien ! remise fut faite, non-seulement de tous les intérêts échus et non payés, mais, en outre, de la moitié même du capital restant dû, en sorte que la créance de la France sur Haïti se trouva, de ce moment, réduite, en tout et pour tout, à 60 millions de francs seulement. Haïti s'engagea à amortir cette dette par annuités échelonnées de 1837 à 1867, et le nouveau traité fut ratifié de part et d'autre au commencement de 1838.

Vous croirez peut-être que les Haïtiens voulurent être, cette fois, loyaux et exacts. Exactitude de nègres ! loyauté de nègres ! Les intérêts stipulés l'étaient au taux de 6 p. 100. Cela parut vite un taux trop élevé aux yeux de messieurs les Haïtiens, qui offrirent, dès 1839, de ne plus payer que 3 p. 100. La France y consentit encore. Bien plus, comme les remboursements d'annuités du capital ne tardèrent pas à être aussi fort en retard, il fut conclu, en 1855, une nouvelle convention, aux termes de laquelle le délai primitivement fixé, pour ces remboursements d'annuités, à l'année 1867, a été prolongé jusqu'en 1877. En 1870, nouveau délai jusqu'en 1883. Et voilà comment il se fait que l'indemnité d'Haïti n'est pas éteinte; on en voit encore les titres figurer aujourd'hui sur la cote officielle de la Bourse de Paris, où ils ont eu, depuis leur admission à cette cote, des cours bien divers, selon les temps, les circonstances et surtout selon le plus ou moins de régularité dans le paiement des coupons. Car ne croyez pas, par exemple, que les coupons aient été payés régulièrement. Ainsi, du 1er janvier 1868 au commencement de l'année 1870, ce paiement des coupons a été même totalement interrompu. On l'a repris, depuis lors, aussi bien que le remboursementdes annuités échues; et cela, grâce à des avances temporaires de fonds, pour lesquelles Haïti a payé autre chose que 3 p. 100 ou 6 p. 100. MM. White Hartmann et C[e], du Havre et de Port-au-Prince, d'autres banquiers encore pourraient dire à quel taux ces avances ont été consenties. Il fallait bien donner à la situation un semblant de régularité, et créer pour Haïti l'apparence au moins du crédit, afin qu'une opération, que l'on projetait, eût chance de réussir.

Cette opération n'était autre que les emprunts actuels d'Haïti. Un de ces emprunts a eu lieu les 5 et 6 mars dernier par les soins de la Société de Crédit industriel et commercial; il comportait une émission de 41,650 obligations de 500 francs souscrites à 460 francs, soit, à ce dernier chiffre, un capital effectif de 19,159,000 francs. A quoi a été employée cette somme? Au remboursement des avances temporaires de fonds dont nous venons de parler. Aussi a-t-on remarqué que les délais de versement, sur cet emprunt, étaient très-courts, très-rapprochés les uns des autres ; les banquiers prêteurs, sans doute, avaient hâte de rentrer dans leurs avances.

Le succès de l'émission des 5 et 6 mars a été complet, prodigieux ; il a dépassé toutes les espérances. L'appétit, comme on dit, vient en mangeant. Haïti et ses banquiers, voyant que les capitaux français y mettaient tant de complaisance et de bonhomie, se sont dit qu'il fallait se hâter de profiter de l'occasion. Ah ! pourquoi n'avaient-ils pas osé demander, en mars, le double, le triple.....? Alors, vite un nouvel emprunt.

Mais, cette fois, c'est 166,906 obligations de 500 francs qui vont être offertes au public. Il est si bon enfant, ce public français ! On lui donnera les obligations dont il s'agit, non plus à 460 francs, mais à 430 francs. Et ce n'est plus le Crédit industriel et commercial qui fera l'émission, c'est le Crédit général français, propriétaire du journal le *Moniteur des tirages financiers*, ancien journal, comme vous savez, de M. Paradis et du « Memphis pacifique » Mais, rassurez-vous, entre les émetteurs de l'emprunt haïtien du mois de mars et ceux de l'emprunt de juin, il n'y aura pas la guerre, les loups ne se dévorant pas entre eux ; l'entente a donc été facile. Nous voyons même le Crédit industriel et commercial, en bon confrère, recommander le nouvel emprunt à ses clients. L'emprunt qu'il a émis en mars sera remboursé, soit!

En effet, pour qu'on osât présenter, après si peu de temps, un nouvel emprunt au public, il fallait bien une raison à alléguer, un prétexte. On a dit: Unifions la dette de l'Etat. Véritable mot de passe que cette unification de la dette.... Comme c'est commode ! Il est présumable que l'amortissement de la dette aurait été jugé plus difficile.

C'est donc entendu, le Crédit général français, propriétaire de l'ex-journal de M. Paradis et du « Memphis-Pacifique, » va, comme on le voit annoncé sur tous les murs de Paris, unifier la dette d'Haïti, et, pour cela, il invite ceux qui ont de l'argent (sans doute ceux qui en ont de trop) à le lui apporter dans ses caisses, du 28 au 30 juin courant, avec promesse qu'il sera délivré à chacun, en échange de bonnes espèces sonnantes et de bons billets de la Banque de France, un papier portant « la signature du Commissaire spécial et délégué du gouvernement haïtien et le contrôle de la légation d'Haïti à Paris ». Il y aura 166,906 de ces papiers-là (pas plus, le gouvernement d'Haïti l'affirme), et les souscripteurs les paieront 430 francs l'une, soit, pour les 166,906 papiers, un capital effectif de 71,769,580 francs, capital pour lequel le gouvernement d'Haïti, les obligations étant amortisables à 500 francs, aurait à rembourser (si jamais il remboursait !) 83,453,000 francs de capital en quarante ans, plus un intérêt annuel de 40 fr. par titre, c'est-à-dire de 9 3/4 p. 100 ou de 9 1/4 p. 100, selon que l'on tient compte ou non de la prime de remboursement.

Beau chiffre de revenu, assurément ! Mais où sont les garanties, où est la sécurité même du capital ? Des garanties ! on en offre, et même, indépendamment des revenus généraux de l'Etat, on donne des garanties « spéciales » sur le produit des douanes. Ah ! les douanes. ... Mais nos *Annales du Commerce extérieur*, on l'a vu plus haut, constatent que les registres de douanes, à Haïti, s'ils existent, sont souvent brûlés. Et puis, pour prendre ce produit des douanes, s'il n'est pas versé volontairement, ou pour se payer sur les revenus généraux du pays, est-ce que la France enverra encore une escadre à Haïti, comme en 1837 ? ou bien, s'il se rencontre un jour, par hasard, quelque banquier Jecker et un M. de Morny, est-ce que nous reverrons une expédition du Mexique, qui serait aussi « la plus grande pensée du siècle ? »

Nous avons raconté de quelle façon les Haïtiens ont exécuté tous leurs engagements envers la France, à propos de l'indemnité due aux anciens colons dépossédés. N'est-ce donc pas là un enseignement suffisant ? La création du nouvel emprunt, disent les prospectus, « a été entourée de toutes les formalités légales.... » ; et ils ajoutent que, d'après le traité de concession de l'emprunt, « le gouvernement haïtien se reconnaît débiteur « direct » de tous les porteurs d'obligations signées par son commissaire spécial ou par son chargé d'affaires. » Eh ! mais ne sait-on pas que l'indemnité aux anciens colons français avait été reconnue aussi, et solennellement, par tous les pouvoirs d'Haïti, comme « une dette nationale »? Est-ce qu'il n'y avait pas eu des conventions signées et resignées? Les « formalités légales » ne manquaient donc pas, non plus. Or, il a fallu réduire le capital, réduire les intérêts, et, même ramenés à 3 p. 100 seulement, les intérêts n'ont jamais pu être exactement payés. Comment donc les Haïtiens paieront-ils maintenant, non plus 3 0/0, mais 9 1/2 p. 100? Et comment surtout rembourseront-ils le capital?

Il est vrai que ces considérations-là importent peu aux intermédiaires qui émettent l'emprunt. Une fois la souscription close et l'argent reçu en échange du papier, les commissions perçues et bien encaissées, ces messieurs se lavent les mains du reste ; ce n'est pas là, soyez-en sûr, qu'ils placeront leur fortune, s'ils en ont. Les obligations nouvelles deviendront alors.... ce qu'elles pourront, à la Bourse, où l'on ne promet pas même de leur faire avoir la cote officielle ; et, en effet, les titres de l'emprunt du mois de mars n'étaient déjà pas côtés officiellement. Ces obligations se négociaient et se négocient encore sur le marchéen banque. Au moment de l'émission, on leur a fait faire 15 fr. de prime; elles ont ensuite perdu 25 et 30 francs par titre. Aujourd'hui également, les obligations du nouvel emprunt sont demandées en banque avec prime, on sait comment cela se fait; attendez seulement un peu, et il est certain que vous en aurez tant que vous voudrez, plus que vous ne voudrez, au-dessous du cours d'émission.

IV.

Lecteur, ces quelques détails, au développement rapide desquels aucun autre intérêt ne nous a conduit que celui de la vérité pure, suffisent, croyons-nous. Et maintenant que vous voilà renseigné, c'est à vous de voir s'il vous convient de souscrire à l'emprunt d'Haïti, c'eet-à-dire d'envoyer dans ce pays de nègres, comme vous avez envoyé peut-être au Mexique, au Honduras et ailleurs, votre argent, qui n'en reviendra pas.



Louis THEUREAU.

Paris, le 27 juin 1875.

Paris. — Typ. A. Parent rue Monsieur-le Prince, 31.

www.ingramcontent.com/pod-product-compliance
Ingram Content Group UK Ltd.
Pitfield, Milton Keynes, MK11 3LW, UK
UKHW022157190726
13855UKWH00004B/1526